AF249859

ORGUE

DE SAINT-EUSTACHE;

SA RECONSTRUCTION,

EMPLOI DES PRODUITS DE LA LOTERIE TIRÉE A CETTE OCCASION;

LETTRE ADRESSÉE

A M. EUGÈNE SÜE

PAR

J. ADRIEN DE LA FAGE.

PARIS

COMPTOIR DES IMPRIMEURS-UNIS,

15, QUAI MALAQUAIS.

Mai 1845.

J. ADRIEN DE LA FAGE,

Professeur de musique;

A

M. EUGÈNE SÜE,

Homme de lettres,

———

MONSIEUR,

Le désir de porter remède aux souffrances et à la misère des classes pauvres vous a bien souvent et bien heureusement inspiré dans vos ouvrages, et les vues de philanthropie éclairée, exprimées par vous en tant d'occasions, n'ont pas peu contribué au grand succès de vos écrits, si remarquables d'ailleurs sous d'autres rapports.

Ce sont bien certainement ces idées d'un adoucissement si désirable à la condition des classes laborieuses, qui vous ont dicté la note insérée dans le *Constitutionnel* du 18 mai.

Assurément il n'est personne qui ne s'associe à l'intention de voir soulager l'infortune par d'abondantes aumônes, mais tout le monde ne saurait partager vos idées à l'égard de l'application que vous proposez de faire des fonds destinés à la reconstruction de l'orgue de Saint-Eustache. J'envisage ici la chose au point de vue purement musical, et c'est uniquement comme musicien que je me hasarde à vous soumettre les observations suivantes, en prenant contre vous la défense du projet de reconstruction de l'orgue détruit par suite d'un déplorable accident.

Vous avez désiré que votre note fût reproduite : je commence donc par la transcrire en entier : vos raisonnements se montreront ainsi dans toute leur force.

« ..... Il est venu à notre connaissance sinon un fait, du moins une espérance, dont nous nous réjouissons avec tous les gens de cœur. Il s'agit de la loterie destinée à la reconstruction de l'orgue de Saint-Eustache, loterie qui, à cette heure, occupe tout Paris, et dont un ignoble agiotage s'est emparé.

« Une personne parfaitement informée nous assure que M. l'Archevêque de Paris, ému d'un scrupule profondément chrétien, et auquel nous lui demandons la permission de nous associer sincèrement, a engagé M. le curé de Saint-Eustache à donner une destination noblement utile, généreuse et charitable, à la somme énorme provenant de cette loterie, somme montant à 250,000 fr., et primitivement destinée à l'édification d'un nouvel orgue pour la paroisse de Saint-Eustache.

« Si nous sommes bien renseigné, voici quel serait le projet de M. l'Archevêque :

« Les 250,000 fr. placés en rentes sur l'État offriraient un revenu annuel de 10,000 fr. environ. Avec une rente de 10,000 fr., on peut chaque année secourir très-efficacement au moins vingt ou trente familles malheureuses, en leur accordant à chacune de 3 à 500 fr. ; or, d'après les intentions de M. l'Archevêque, le curé de Saint-Eustache s'entendrait avec M. le Maire et les Membres du Bureau de Charité de son arrondissement quant à la juste et légitime répartition de ces secours inespérés.

« Lors du tirage de la loterie, une sorte de bill d'indemnité, relatif à ce changement dans la destination des fonds serait demandé à l'assemblée par M. le curé de Saint-Eustache, avec la chaleureuse éloquence qui ne lui fait jamais défaut, et qui certainement n'aura jamais été inspirée par un sentiment plus chrétien.

« Nul doute que la majorité des donataires et des souscripteurs ne consentent à cette mesure avec joie, nous dirions même avec reconnaissance, lorsque M. le curé, d'une voix émue et surtout convaincue, leur aura peint l'ineffable bonheur qu'ils éprouveront en pensant qu'au lieu d'avoir contribué à la futile édification d'une superfluité si coûteuse et au moins inconvenante dans l'église de l'un des plus pauvres quartiers de Paris, où pullulent tant d'affreuses misères, ils ont assuré désormais et pour toujours des secours annuels à un grand nombre d'infortunes intéressantes; car, seulement en dix années, trois ou quatre cents familles peuvent être arrachées à une misère quelquefois désespérée.

« Nous applaudissons vivement à cette sage et charitable détermination de M. l'Archevêque de Paris, à laquelle M. le curé de Saint-Eustache est si digne de s'associer; nous pensons comme eux que les bénédictions des familles secourues par cette intelligente aumône seront pour Dieu un concert plus agréable que les sons d'une serinette colossale, coûtât-elle 250,000 fr.

« Il est inutile d'ajouter qu'une indemnité sera probablement accordée aux ouvriers qui devaient travailler à l'orgue, et qui d'ailleurs n'eussent nécessairement pas chômé dans le cas où la loterie en question n'aurait pas été imaginée. »

Arrêtons-nous maintenant sur les points qui nous paraissent appeler la discussion. Vous dites, Monsieur, qu'un « ignoble agiotage s'est emparé de l'idée première de la loterie : » cela peut être malheureusement vrai; mais, où l'agiotage n'est-il pas aujourd'hui? On m'a dit (car je suis fort peu au courant de ces choses) que l'autorité, bien loin d'y mettre des bornes, bien loin d'y opposer son influence dans des vues de moralité publique, avait paru en ces derniers temps l'encourager en toute manière et avait en trop de circonstances abandonné la fortune publique aux mains des agioteurs. Cela veut-il dire qu'il faille changer la destination de certains fonds, par exemple, de ceux qui sont affectés à la construction des chemins de fer? Je ne le pense pas: un orgue, me direz-vous, est-ce un chemin de fer? est-ce un objet d'utilité publique? Plus que vous ne pensez, oserai-je vous répondre, et j'essaierai plus tard de vous le prouver.

Quant à présent je me bornerai à observer que beaucoup de ceux qui ont pris des billets n'en ont fait l'objet d'aucun agiot, ils les ont reçus dans le but unique de voir un nouvel instrument s'élever à la place de celui que les flammes avaient dévoré, et il ne me semble pas permis, sous quelque prétexte que ce soit, de changer l'emploi de l'argent versé dans la caisse de la loterie. Un tel principe une fois admis, il n'y aurait pas de raison pour que le ministre des travaux publics ne versât dans la caisse des hospices l'argent voté pour construire un pont, un canal, une route départementale, etc.

En tout cas, pour être équitable, un changement de destination dans l'emploi des fonds ne saurait avoir lieu sans que tous les porteurs de billets soient consultés, et, dans mon opinion, sans *l'unanimité* de leurs suffrages. Ce n'est pas ici une simple question de *majorité*, car il s'agirait de la rupture d'une sorte de contrat passé avec chaque preneur de billet, seul à seul, et dans lequel la partie détentrice des fonds versés refuserait de tenir ses engagements.

Or, comment réunir les porteurs primitifs des billets ? Et pourtant quelle fâcheuse impression ne ferait pas sur le public une résolution prise au nom de l'autorité civile et ecclésiastique à laquelle manquerait le consentement d'une des parties intéressées ?

Ce qui a pu, Monsieur, vous porter à proposer de changer l'application de la somme provenant de la loterie en question, c'est, sans doute, ce chiffre énorme de 250,000 fr. que vous supposez devoir être entièrement consacré à la construction d'un nouvel orgue.

Ceci prouverait que l'on ne vous a pas informé d'une manière complète de ce qui a eu lieu en cette occasion.

Vous paraissez croire que les objets mis en loterie proviennent uniquement de *dons* faits par des particuliers généreux qui, par piété, par amour de l'art, ou pour tout autre motif, auraient apporté des objets de valeur, destinés à former les lots gagnants. Cela n'a eu lieu que pour un nombre de lots comparativement fort petit, ou bien d'une assez mince valeur. Pour le reste, voici comme les choses se sont passées :

Le projet d'une loterie ayant été adopté et approuvé par les autorités compétentes, l'administrationde la paroisse Saint-Eustache a fait, à ses risques et périls des emplètes chez les fabricants ou marchands, tout en les engageant à contribuer de leur part, soit par une baisse de prix des pièces acquises, soit par l'addition de quelques *dons réels* aux objets achetés et payés.

L'industrie et le commerce sont en général (car il y a des exceptions) d'humeur assez peu donnante et encore moins artistique. Les négociants, hommes fort honorables d'ailleurs, mais marchands avant tout, ont vu surtout en ceci une occasion de débit et une bonne circonstance pour écouler certains produits embarrassants; ils y ont vu de plus une *exposition industrielle*, supplément utile aux annonces des journaux, un pretexte pour donner aux visiteurs leurs noms et leurs adresses. Ce qu'ils ont vendu ils l'ont fait payer le plus cher possible, ce qu'ils ont donné n'était pas grand'chose et leur générosité à l'endroit de la loterie de Saint-Eustache n'excuserait pas ceux qui, par la suite, feraient mal leurs affaires.

Ce sont là des faits dont on a pu se convaincre et qui n'attaquent en rien la probité des donateurs : industriellement parlant, on n'est pas pendable pour si peu.

Il est donc évident que l'administration de Saint-Eustache a d'abord bien entendu rentrer dans ses déboursés qui s'élèvent à plus de moitié et peut-être à plus des trois cinquièmes de la somme en caisse, sans compter les frais divers qui (on me l'apprend à l'instant) réduisent le produit brut de la loterie à 85,000 fr. ou même à 80,000 fr.

Or, il est bien certain qu'une telle somme serait insuffisante pour reconstruire un orgue en rapport avec la grandeur et l'architecture d'un édifice tel que l'église Saint-Eustache, si le gouvernement ou la ville de Paris ne se chargeaient des frais de la boiserie. On élève en ce moment à la Madelaine un instrument qui n'est pas de la plus grande dimension, et qui coûtera 80,000 fr., indépendamment du buffet ; or, l'église de Saint-Eustache, par son étendue et ses dispositions architecturales, semble demander un instrument de plus vaste proportion, si l'on veut en obtenir les effets que l'on a droit d'attendre.

Vous supposez, Monsieur, que l'idée d'un changement dans la destination des fonds serait née d'un « scrupule profondément chrétien ; » si quelque chose de semblable avait eu lieu, je crois, moi, que les scrupules se seraient manifestés avant les opérations de la loterie ; ni l'autorité civile, ni l'autorité ecclésiastique n'y eussent alors donné leur consentement.

Je doute aussi très-fortement que ce que vous nommez *un bill d'indemnité* sur le changement de destination des fonds de la loterie fût accordé aussi aisément que vous le pensez, surtout pour les gens qui seraient au courant de toute cette affaire. D'ailleurs, comme je persiste à le croire, l'unanimité des porteurs de billets aurait seule le droit d'apporter quelque modification à ce qui a été fait.

Maintenant, penseriez-vous que le bill d'indemnité pût être suivi d'un nouvel appel de fonds destinés, cette fois irrévocablement, à la construction de l'orgue. J'ose prévoir qu'il y aurait là bien peu de chance de succès.

Mais telle n'est pas votre idée, et vous ne craignez pas de laisser entrevoir que ce serait, à votre avis, un inconvénient fort léger de laisser sans orgue la paroisse Saint-Eustache.

Plus que cela, vous ne voyez dans sa reconstruction que la « futile édification d'une superfluité coûteuse et au moins inconvenante dans l'église de l'un des plus pauvres quartiers de Paris où pullulent tant d'affreuses misères. »

Permettez-moi, Monsieur, de croire qu'en écrivant ceci vous n'en avez pas suffisamment pesé les conséquences. Elles n'iraient à rien moins qu'à supprimer dans les églises tous les produits des beaux-arts, et finalement les églises elles-mêmes.

En effet, si vous trouvez que l'orgue, dont les sons viennent se lier immédiatement aux chants et aux cérémonies en usage dans l'Église catholique, doive être écarté, à quoi sert de commander aux peintres et aux sculpteurs des tableaux et des statues pour décorer ces édifices? A plus forte raison, l'on devra supprimer tout ce qui n'est qu'ornementation : à quoi bon les chapiteaux des colonnes et des pilastres, les moulures, les dorures des autels? à quoi bon les aubes de mousseline garnies de fines dentelles? pourquoi les chapes et chasubles brochées d'or et d'argent? de quelle importance sont au fond ces belles pièces d'orfévrerie employées dans le service divin? on fera tout aussi bien l'office avec des ornements sacerdotaux de l'étoffe la plus grossière ; on consacrera dans un calice d'étain et une patène de plomb, on aura un ostensoir de fer-blanc, et lorsqu'ils'agira de construire une église, on appellera quelque maçon auquel on demandera un édifice tel, par exemple, que la *halle aux draps* que je cite de préférence comme étant dans le quartier de Saint-Eustache, en sorte que chacun soit à même d'établir la comparaison ; enfin, l'on déplorera que par le passé d'habiles architectes aient été appelés à construire tant de somptueuses basiliques qui font notre admiration comme elles feront celle des siècles à venir.

De telles idées sont certainement loin d'être les vôtres, et pourtant, elles seraient la déduction incontestable de votre première proposition.

Ne devez vous pas en conséquence vous reprocher quelque peu l'expression de *serinette colossale*, appliquée au plus noble, au plus grave et au plus religieux des instruments? Je me trompe peut-être, mais ce terme ne me semble pas de bon goût, car, Monsieur, pour continuer sur le même ton, à quel *serin*, s'il vous plaît, destinerait-on cette *serinette?*

Je m'arrête et crois en avoir dit assez pour vous faire regretter une expression, échappée sans doute à la rapidité de la composition, mais peu convenable et qui d'un autre côté donnerait à penser que vous ne connaissez que bien imparfaitement la structure et l'importance artielle d'un orgue de grande dimension, la réunion de talents si divers qu'exige sa construction, et la quantité d'industries appelées à y concourir.

La suite de votre note semble le prouver : « une indemnité, dites-vous, serait *probablement* accordée aux *ouvriers* qui devaient travailler à l'orgue, et qui, d'ailleurs, n'eussent pas nécessairement chômé dans le cas où la loterie en question n'aurait pas été imaginée. »

D'abord il me semble que le dernier membre de cette phrase équivaut exactement à dire que si les ouvriers n'avaient pas eu cette occasion d'occuper leurs bras, ils auraient trouvé de l'ouvrage ailleurs. Vous seriez le premier à vous moquer d'un tel raisonnement et à représenter qu'à ce compte, et si tout le monde en disait autant, les ouvriers pourraient mourir de faim sur la place publique.

Vous aviez dit d'abord qu'ils seraient indemnisés ; mais comment entendez-vous une telle indemnité? comment la supposez-vous possible? La construction d'un orgue s'obtient le plus souvent à la suite d'un concours; or ce concours n'ayant pas eu lieu, il faudra donc indemniser les ouvriers de tous les ateliers de facture d'orgues non seulement à Paris, mais encore dans toute la province, car tous pouvaient également voir le facteur chez lequel ils travaillent, appelé à l'exécution de l'orgue; et puis les facteurs eux-mêmes n'auraient-ils pas aussi à réclamer des indemnités?

Une chose me semble singulière en tout ceci, c'est que vous paraissez croire que l'on entreprend la construction d'un orgue à peu près comme l'on se charge des travaux de terrassement pour lesquels on trouve autant de bras que l'on veut, tout homme qui possède une force suffisante pour rouler une brouette d'un lieu à un autre pouvant être indifféremment accepté.

Vous ne voyez dans l'orgue qu'un objet indifférent; vous oubliez que c'est un des chefs-d'œuvre de l'art, un des prodiges de la mécanique; vous ne pensez pas à toutes les combinaisons qui ont été nécessaires pour arriver à mettre à la disposition d'un seul homme des effets sonores d'une si étonnante puissance, obtenus sans plus d'efforts qu'il n'en faut pour se servir du piano dans un appartement.

Aimez-vous mieux envisager la question sous le point de vue de l'industrie? passez en revue tous les genres de fabrication et vous verrez qu'il en est bien peu qui n'entrent dans la construction d'un grand orgue. Jamais, autre part que dans l'orgue, les arts industriels ne se sont montrés plus heureusement unis aux beaux-arts; jamais le besoin qu'ils ont habituellement les uns des autres ne s'est offert plus visiblement; jamais leur réunion n'a présenté de résultats plus complets.

Mais il est encore une autre manière de voir la

chose, et c'est la plus importante à mon avis. Je veux parler de l'impression religieuse que produit dans les églises l'audition de l'orgue déployant la richesse inépuisable de ses graves et magnifiques accords. Et, sous cet aspect, que puis-je ajouter à ce que vous avez dit vous-même ? Ne nous montriez-vous pas, il y a peu de jours, et, si je ne me trompe, la veille même de celui où paraissait votre *note*, le peuple de Paris exaspéré et furieux, subjugué, à l'instant même où il allait se porter aux plus abominables excès, par l'harmonie sublime du plus noble des instruments ?

C'est que, par son imposante majesté, l'orgue a en effet le pouvoir de dominer les masses. Pour la plus grande partie du peuple, il est, avec quelques misérables instruments qui se font entendre dans les rues et dans les bals publics, la seule musique dont il puisse jouir, la seule qu'il puisse entendre. Voulez-vous l'en priver ?

Il y a quelque temps vous parliez avec admiration de l'excellent et si respectable Wilhem introduisant l'étude du chant dans les écoles gratuites et arrivant en peu d'années aux plus beaux résultats. Voulez-vous que ces connaissances premières ne trouvent nulle part à s'alimenter, à se perfectionner ?

Avez-vous perdu de vue tant de passages écrits par vous-même et dans lesquels se manifeste une vive admiration pour les produits des arts ? L'idée honorable de venir en aide aux classes malheureuses vous aurait-elle empêché d'examiner la question dans son véritable sens?

Ah! sans doute pour nous aussi, pour nous musiciens, il est grand, il est profond, il est sincère, l'intérêt que les pauvres nous inspirent. Les pauvres! hélas, c'est un corps dont le plus grand nombre d'entre nous font partie. Comment ne souffririons-nons pas de leurs souffrances? comment leurs douleurs ne seraient-elles pas nos douleurs?

Mais aux uns comme aux autres les secours ordinaires ne nous suffisent pas : l'existence matérielle n'est pas tout ici-bas; le cœur, l'esprit, l'imagination, l'âme, pour tout dire, ont aussi besoin d'aliments : on n'a que trop matérialisé l'espèce humaine; qu'on laisse à ceux qui se plaisent encore à croire à l'influence des beaux-arts une des rares occasions où se produisent avec éclat les effets de celui qui est à la fois le plus pénétrant et le plus accessible, de celui qui parle à tous et de tous est écouté, du seul qui exerce sur les facultés physiques et morales de l'homme un empire presque toujours irrésistible.

Un orgue avait été détruit par un fâcheux accident; une combinaison heureuse a fourni les moyens de le reconstruire : les fonds recueillis à cet effet ne doivent pas changer de destination.

L'orgue est l'instrument des temples, construisez des orgues dans les temples : l'orgue fait partie

de la musique du peuple, gardez-vous de toucher
à la musique du peuple.

Telles sont, Monsieur, les réflexions que m'a
suggérées la *note* insérée par vous dans le journal où
vous écrivez. Elle n'avait pu vous être dictée que
par l'amour sincère de l'humanité, et par le but
de soulager des infortunes trop négligées ou trop
mal comprises jusqu'à ce jour; vous ne pouvez
trouver mauvais qu'on attribue en partie à ces vues
d'une philanthropie élevée une partie de l'immense
succès de vos ouvrages, remarquables d'ailleurs à
tant d'autres titres, et vous resterez convaincu que,
tout en combattant votre opinion dans un cas par-
ticulier, je n'en professe pas moins en cette occasion
comme en toutes les autres, pour vos talents et
pour votre personne, la plus haute et la plus sincère considération.

J. ADRIEN DE LA FAGE.

21 mai 1845.